돌의 울음

김승재 절장시조집

돌의 울음

김승재 절장시조집

고요아침

차
례

8	코브라	이양수
9	세월암	이준필
10	층층암	김광주
11	갯바위	김광주
12	초록이	정재용
13	복주머니	엄재길
14	석성	박상수
15	화강암	이성용
16	일등별	김승재
17	애비암	김광주
18	청바위	김광주
19	주름바위	김재근
20	병풍도	노정술
21	정자암	김광주
22	투구	김상철
23	용바위	김승재
24	보문	김석진
25	고단암	부두우
26	비선대	이대규
27	쌈지	심수영
28	의자바위	김주환
29	물결바위	김광주

30	여인바위	이성만
31	입선대	구자선
32	성녀	김승재
33	평온석	이승희
34	산수경	이준필
35	수문	노정술
36	태평천하	원수칠
37	형제봉	부두우
38	새의 노래	김승재
39	만개화	김승재
40	나의 몰골	김승재
41	자화상	김승재
42	노모	이준필
43	옹달샘	이재혁
44	넝쿨손	최정욱
45	곰바위	이용희
46	복福	김승재
47	바람소리	김광주
48	거울산	김승재
49	접도	김승재
50	대불	이준필
51	보리산	김호진
52	포효	김승재
54	춘화도	신복연

55	만월 … 김승재	
56	용암 … 양태석	
57	투 …부두우	
58	부부송 …김승재	
59	귀향 …김승재	
60	민경 …한기중	
61	구갑석 …김승재	
62	돌아서서 가는 임아 … 김승재	
63	아버지 … 이준필	
64	소나무 숲 … 김승재	
65	가을물 … 강석주	
66	두꺼위 바위 … 조성용	
67	운무산수 … 김승재	
68	밤길 나그네 … 김승재	
69	미석 … 김광주	
70	물개의 대화 … 김승재	
71	산여울 … 김승재	
72	원 … 김승재	
73	큰스님 … 김승재	
74	꽃돌 … 김승재	
75	삼형제 … 남오영	
76	옥녀탕 … 홍외환	
77	청개구리 … 김승재	
78	봄의 향연 … 김승재	
79	실폭포 … 김동식	
80	선바위 … 김광주	
81	낙과 … 진종생	

82	천생연분 … 김승재	
83	달 뜨는 밤이면 … 김승재	
84	동석산 여명 … 김승재	
85	변화 …김승재	
86	모자상 …김승재	
87	돌의 울음 …김승재	
88	호암일경 …김승재	
89	숫보기 … 김승재	
90	무無 … 김승재	
91	금붕어 … 김승재	
92	토끼 … 김승재	
93	촛불 … 김승재	
94	노송 … 김승재	
95	노신사 … 김승재	
96	돌기암 … 김승재	
97	아버지2 … 김승재	
98	기도 … 김승재	
99	공룡 … 이철우	
100	묵석의 묵념 … 김승재	
101	조각 … 김승재	
102	어두운 일몰 … 김승재	
103	어머니 … 김승재	
104	단풍물 … 김승재	
105	왕눈 … 이준필	
106	구름에 달 가듯 … 김승재	
107	꿈 … 김승재	
108	꽃단풍 … 양주석	

이양수 | 남한강 / 20x14x16

코브라

아무리 치켜세워도 보이는 게 없으니

이준필 | 괴산 / 48x38x20

세월암

물소리 바람소리에 홀가분한 이 몸매

김광주 | 옥계 / 40x12x9

층층암

깨지고 덧대인 상처 쌓아보니 꽃이네

김광주 | 동해 / 56x12x23

갯바위

누천년 갈고 닦아서 누워있는 주름살

정재용 | 남한강 / 30x38x20

초록이

너하고 놀다가 보니 서쪽 하늘이 불탄다

엄재길 | 단양 / 19x18x12

복주머니

할머니 허리춤에다 눈독 들인 손주 놈

박상수 | 제주도 / 42x30x20

석성

바람에 실려 온 말들이 차곡차곡 쌓였다

이성용 | 제주도 / 19x16x14

화강암

내 설움 바람이 불면 장서방도 울겠네

김승재 | 러시아 / 24x22x24

일등병

바위가 되면 되었지 물러설 수는 없다

김광주 | 옥계 / 41x29x21

애비암

알겠다 꾹꾹 다져진 말 못 하는 그 속을

김광주 | 남한강 / 22x29x18

청바위

내 생에 손잡아 준 적 너밖에 없었다

김재근 | 청전강 / 44x7x24

주름바위

허공은 파도를 들어 생의 내력 적는다

노정술 | 일광 / 27x16x12

병풍도

어쩌나 저걸 어쩌나 세연에 든 꽃단풍

김광주 | 삼척 / 34x11x15

정자암

밀물도 가락이 되어 춤을 추는 갈매기

김상철 | 남한강 / 38x28x28

투구

누구를 기다리는지 철모는 말이 없다

김승재 | 덕산 / 94x39x40

용바위

용 못된 이무기 누워 파도소리 뜯는다

김석진 | 인도네시아 / 35x20x14

보문

알았네 자네 없으면 내 어찌 하늘로 가리

부두우 | 제주도 / 19x30x15

고단암

살면서 박힌 옹이가 빠져나간 빈자리

이대규 | 남한강 / 36x7x18

비선대

시인의 마을은 동쪽 해와 달이 뜨는 곳

심수영 | 지리산 / 23x15x12

쌈지

할머니 할아버지는 구름을 차고 다녀요

김주환 | 난지도 / 22x20x15

의자 바위

정오쯤 지친 햇살이 없는 듯이 앉아 쉬는

김광주 | 옥계 / 33x7x17

물결 바위

썩힌 속 참고 참는다 깨질 것만 같아서

이성만 | 경호강 / 20x19x17

여인 바위

누구를 기다리는지 빈자리가 아린다

구자선 | 영덕 / 29x12x15

입선대

오르고 또 올랐더니 쉬어가라 이르네

김승재 | 영월 / 24x35x12

성녀

그 누가 이 마음 알아 조각조각 페는 몸

이승희 | 경호강 / 34x7x30

평온석

날 벼린 휘몰이 물길 내줄 것 다 내주고

이준필 | 내림천 / 62x53x23

산수경

길 따라 모이는 발길 풀어질 줄 모르고

노정술 | 임진강 / 28x19x13

수문

저토록 작은 수문에 걸려있는 뭇 목숨

원수칠 | 남한강 / 27x7x13

태평천하

노적봉 아슴한 거기 가도 가도 끝이 없네

부두우 | 제주도 / 25x10x12

형제봉

아무리 불러보아도 대답 없는 형제여

김승재 | 주전 / 3.5x3x2.5

새의 노래

두 귀를 쫑긋 세워도 알아듣지 못하니

걷승재 | 모도 / 15x12x6

만개화

반딧불 모여 앉아서 세상 이야기 나눈다

김승재 | 주전 / 7x8x5

나의 몰골

사람이 살아가는데 인품 말고 뭐 있나

김승재 | 주전 / 12x16x8

자화상

기운 낯 낯익은 저 달 깊어가는 나의 병

이준필 | 남한강 / 29x45x19

노모

명줄 다 바친 오금이 하늘 눈을 맑히는지

이재훈 | 미사리 / 24x10x14

옹달샘

앞산에 노루 발자국 훔쳐보는 봄처녀

최정욱 | 봉암 / 40x34x12

넝쿨숲

얼키고 설킨 세상을 화창하게 여는 봄날

이용희 | 한탄강 / 21x24x15

곰바위

할 말을 속에다 묻고 삭혀내는 이 가슴

김승재 | 포항 / 12x12x11

복福

그때는 정말 몰랐네 궁금한 것 뿐이었네

김광주 | 영춘 / 43x32x8

바람소리

바람이 모래를 들어 쌓아 올린 만리장성

김승재 | 영월 / 25x16x9

겨울산

눈 덮인 바위에도 푸른꿈이 자란다

김승재 | 울산 / 23x9x13

접도

한 많은 유배의 뱃길 서럽게 우는 파도

이준필 | 남한강 / 26x35x13

대불

밥그릇 훔쳐본 죄로 손비비는 왕파리

김호진 | 경호강 / 17x36x9

보리산

그 누가 허물어 줄까 그림 같은 저 산을

김승재 | 주전 / 9x6x2

포효

매서운 울부짖음에 흔들리는 산천초목

김승재 | 주전 / 11x7x3

잔설

저만치 숨어서 오는 요염한 봄의 눈빛

신복연 | 일광 / 20x30x15

춘화도

매화꽃 흐드러진 봄 시를 읽는 나비 떼

김승재 | 주전 / 13x10x5

만월

내 슬픔 어둠에 젖어 달로 떠서 울겠네

양태석 | 고성 / 36x19x27

용암

분화구 철대문 열고 솟아 오른 마그마

부두우 | 제주도 / 24x28x10

투

몰아친 눈보라 속에 태연하다 이 장벽

김승재 | 양양 / 9x12x6

부부송

몇 생을 산다고 해도 우린 함께할 거야

김승재 | 양양 / 14x15x5

귀향

고이는 그리움 속에 흘러드는 물고기

한기중 | 금일도 / 12x10x7

민경

빛바랜 거울 속에서 할머니가 웃으신다

김승재 | 주전 / 11x12x5

구갑석

한 천 년 굴러온 길에 갑옷 한 벌로 남았다

김승재 | 양양 / 10x29x10

돌아서서 가는 임아

갯바위 파도를 당겨 눈물로 지새는 밤

이준필 | 남한강 / 24x37x20

아버지

버거운 등짐을 지고 티 없이 살피시는

김승재 | 양양 / 11x15x6

소나무 숲

더 이상 갈 곳이라곤 하늘길 뿐이구나

강석주 | 방축도 /19x17x7

가을물

흔드는 바람 끝에서 아무것도 모르고

조성용 | 금강 / 15x20x10

두꺼비 바위

보도시 뭍으로 나와 세상 물정 듣는다

김승재 | 주전 / 9x6x3

운무산수

산 허리 휘감은 구름 풀어내는 봄바람

김승재 | 장등 / 18x28x12

밤길 나그네

못 갚을 이생의 허물 참회의 길을 간다

김광주 | 미석 / 20x30x13

미석

언니의 비단 치마에 몰래 숨어들었다

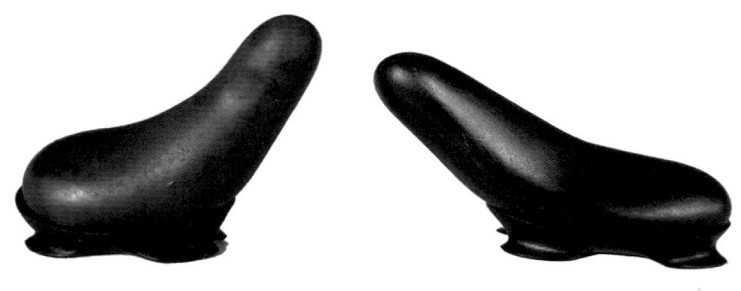

김승재 | 주전 / 6x2.5x2.5

물개의 대화

예까지 걸어왔으니 찰떡궁합 아닌가

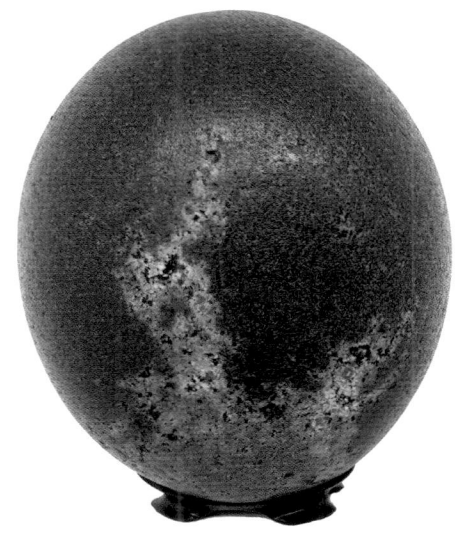

김승재 | 청산도 / 9x10x5

산여울

저 넓은 호수에 들어 자자드는 급물살

김승재 | 정도리 / 9x13x9

원

둥글게 산다는 것은 낮게 사는 길이다

김승재 | 구암 / 9x14x7

큰스님

죄는 다 벗어버리고 미덕을 쌓는 게야

김승재 | 영빈관 / 9x13x6

꽃돌

가진 것 퍼내다 보니 그 자리가 꽃이다

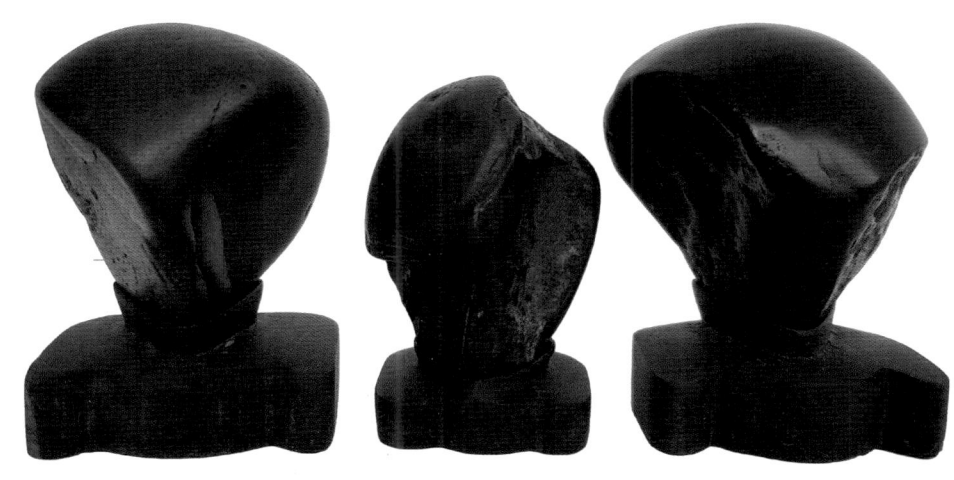

남오영 | 남해 / 7x9x6 대

삼형제

촘촘히 뜯어보게나 꽃도 꽃 나름이지

홍외환 | 남한강 / 21x30x18

옥녀탕

그 누가 이곳에 올라 즐거움을 모르랴

김승재 | 소청도 / 8x7x3

청개구리

어쩌지 저걸 어쩌지 따라 우는 물소리

김승재 | 주전 / 10x11x6

봄의 향연

유리벽 갈라진 소리 풀어내는 개울물

김동식 | 영월 / 16x46x20

실폭포

몰랐네 돌아갈 수 없는 천 길 만 길 이 물속

김광수 | 남한강 / 15x37x10

선바위

비바람 눈보라 속에 휘어지는 이 봄날

진종색 | 울릉도 / 26x23x21

낙과

손 한 번 잘못 흔든 게 이별이 될 줄이야

김승재 | 영월, 경호강 / 22x10x13

천생연분

하늘이 맺어준 인연 강물로 이어지고

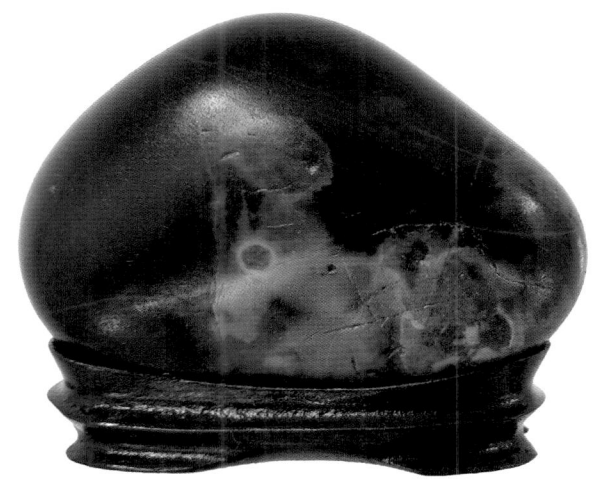

김승재 | 주전 / 9x7x3

달 뜨는 밤이면

구름은 여귀산 올라 친구 삼아 달을 안고

김승재 | 주전 / 5x4x2

동석산 여명

새벽닭 울음소리에 눈을 뜨는 동석산

김승재 | 주전 / 12x7x6

변화

오대양 휘어잡았던 모서리 다 내려놓고

김승재 | 주전 / 7x10x4

모자상

가만히 손을 올리면 숨소리가 들린다

김승재 | 주전 / 8x8x4

돌의 울음

여귀산 자락에 앉아 밤새도록 우는 돌

김승재 | 주전 /13x8x6

호암일경

또 누굴 노려보느냐 날은 이미 밝은데

김승재 | 남해 / 7x9x3

숫보기

물갈래 꼬리를 물고 역류하는 사나이

김승재 | 남해 /13x17x7

무無

여보게 뒤돌아보게 무엇이 또 있는가

김승재 | 주전 / 7x8x3

금붕어

비좁은 공간이라도 쓰기 따라 다른 것을

김승재 | 주전 / 4x3.5x2.5

토끼

때로는 거북이보다 느려도 괜찮아

김승재 | 주전 / 11x12x4

촛불

당신이 흘린 눈물에 이 밤은 더디 새고

김승재 | 물치 / 11x16x11

노송

꼿꼿한 직립의 말씀 세월 앞에 휘어지고

김승재 | 주전 / 8x12x7

노신사

아무렴 살다가 보니 이런 날도 있구나

김상규 | 파계사 / 8x17x7

돌기암

너 홀로 벗어난 자리 날 세우는 물소리

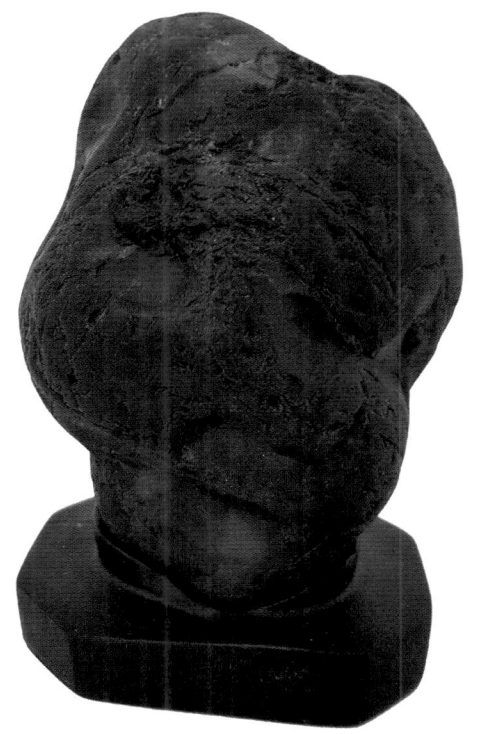

김승재 | 주전 / 10x15x9

아버지2

더 이상 줄 것이 없어 미안해서 어쩌지

김승재 | 너븐개 / 6x10x6

기도

스치는 인연에게 늘 축복을 내리소서

이철우 | 주전 / 12x10x7

공룡

목청껏 내 뱉는 울음 가다 서서 또 듣네

김승재 | 주전 / 8x20x6

묵석의 묵념

깊숙히 되짚어 보면 물속이나 허공이나

김승재 | 중국 / 12x17x5

조각

내 시는 글이 아니라 다듬어 낸 미술이다

김승재 | 주전 / 8x8x2

어두운 일몰

고단한 하루가 간다 내일이라는 꿈을 이고

김승재 | 주전 / 12x9x4

어머니

달빛이 떠나간 자리 놓지 못한 그 마음

김승재 | 울진 / 9x10x5

단풍물

가슴에 불꽃이 붙어 온 몸이 타고 있다

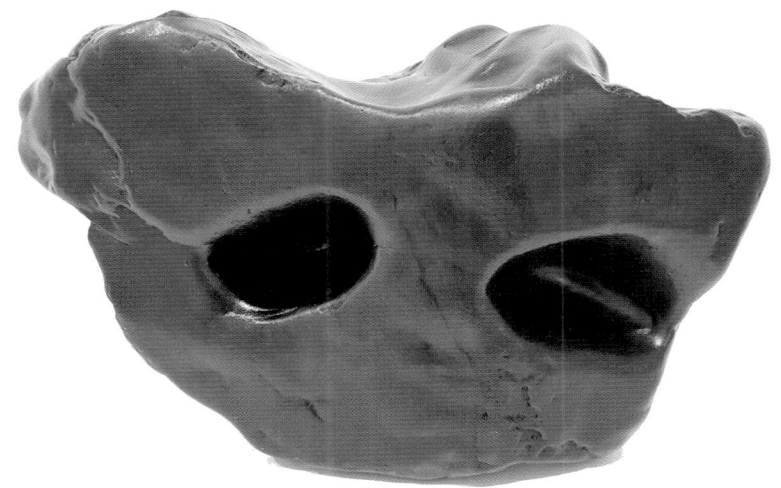

이준필 | 중국 / 50x30x22

왕눈

눈 안에 고이는 눈물 어찌 말로 다 하랴

김승재 | 주전 / 7x7x4

구름에 달 가듯

저 멀리 고향 하늘을 그리움이 떠갑니다

김승재 | 주전 / 6x5x3

꿈

천당과 지옥 사이에 다리 놓은 시 한 수

양주석 | 영월 / 23x12x8

꽃단풍

내 한참 절정의 시간이 7부 능선에 앉았다

김승재 절장시조집

돌의 울음

초판 1쇄 인쇄일 · 2022년 02월 01일
초판 1쇄 발행일 · 2022년 02월 28일

지은이 | 김승재
펴낸이 | 노정자
펴낸곳 | 도서출판 고요아침
편 집 | 송지훈
감 수 | 시에그린한국시화박물관, 여귀산미술관, 진도수석박물관

출판등록 2002년 8월 1일 제 1-3094호
120-814 서울시 서대문구 증가로29길 12-27 102호
전 화 | 02-302-3194~5
팩 스 | 02-302-3198
E-mail | goyoachim@hanmail.net

*책 가격은 뒤표지에 표시되어 있습니다.
*이 책의 판권은 지은이와 고요아침에 있습니다.
 이 책 내용의 전부 또는 일부를 재사용하려면 반드시 양측의 서면 동의를 받아야 합니다.

ISBN 979-11-6724-061-3(03810)